La terrible et merveilleuse vie de Robert le Diable

Anonymous

Alpha Editions

This edition published in 2022

ISBN : 9789356892729

Design and Setting By
Alpha Editions
www.alphaedis.com
Email - info@alphaedis.com

La terrible et merveilleuse vie de Robert le Diable

¶ [*Nouvellement imprimé*] par Claude Blihart: Demourant en la Rue [*de la Jufrie*] a l'enseigne de L'escu de France.

Au commencement de Chascune oeuvre invoque l'ayde de nostre seigneur ainsi que boece de consolation: sans laquelle nulle autre chose ne peult bien estre commencee moyenné ne terminee: mais pource que nous autres pecheurs ne pouons riens ouyr ne obtenir de dieu que premierement il ne passe par les mains de la vierge Marie / ainsi que dit monseigneur Sainct Augustin. Et aussi car l'histoire cy aprés escripte: laquelle j'entens narrer a esté par le merite de la vierge Marie miraculeusement conduicte: ainsi que plus a plain par la Lecteure d'icelle pourrez cognoistre. Afin que a icelle plaise impetrer enver dieu le createur que je pauvre & simple entendement puisse ceste presente histoire decreter & reciter au proffit & salut de ceulx qui icelle liront. Au commencement de ce present traicté je veulx a icelle dame de grace presenter la salutation angelicque que l'ange Gabriel luy presenta du ciel en terre. C'est ave maria priant & supliant a tous ceulx qui d'icy en avant lirons ce present livre qu'ainsi le facent pour mieulx entendre & pour mieulx retenir les grands enseignemens & bons exemples en ce dit livre contenus. Tout homme qui a sens: raison: & entendement s'il cognoist qu'il soit en peché mortel: de celuy peché se doit repentir & demander pardon a Dieu ou autrement le diable au lien duquel il est lyé le menera a perpetuelle damnation de laquelle jamais ne sera rachepté / mais il sera en enfer eternellement tourmenté avecques les damnez Et se le pecheur prent cognoissance de son peché & d'iceluy aye repentance & pardon en la gloire de Paradis ainsi que i a long temps advint a iceluy duquel vous orrez tantost en iceluy livre parler.

¶ La declaration du nom de Robert le diable.

Il est vray qu'en la cité de rouen au pays de normandie nasquit un enfant lequel fut nommé Robert le diable: qui est un nom fort terrible & espouentable: mais la cause pourquoy il fut ainsi nommé je la vous vueil declarer. En celuy temps y avoit un noble duc en Normandie: vaillant / sage & chevaleureux doux & aussi courtoys a merveilles: lequel craignoit & aymoit dieu de bon cueur: & si faisoit faire bonne & droicte justice a un chascun: hardy: Preux / puissant & plaisant a Dieu & au monde / lequel Duc estoit appellé Hubert de ses beaulx faitz & vaillances en plusieurs cronicques anciennes est faicte mention. Tant avoit de biens & de vertu en luy que a les racompter seroit chose trop longue & quasi impossible. Or advint que un jour de Noel celuy Duc tint court ouverte a Vernon sur scine: a laquelle vindrent tous les nobles Barons & chevaliers de la duché de normandie. Et pource que le duc Hubert n'estoit point encores marié les nobles barons du pays qui la estoient luy prierent que ce fut son plaisir de se marier a fin qu'il augmentast sa lignee: & aussi qu'il eust successeur aprés luy. Ausquelz barons le duc voulant obtemperer a leurs prieres respondit & dit que ce qu'il leur plaisoit il feroit mais tant y a qu'il ne pouoit trouver femme ce que a luy apartient car de prendre femme de plus hault lieu que je ne suis a moy n'apartient & aussi de moy abaisser je feroye honte a tout mon lignage / parquoy me semble soubz vostre correction qu'il vault mieulx demourer ainsi que faire chose que a moy n'apartienne / de laquelle chose me porrois repentir lesquelles choses ouyes par les barons qui la estoient le plus ancien se leva & dist. Seigneur Duc vous avez parlé sagement: mais se vous me voulez croire je vous diray chose dont serez joyeux. Parlez dit le Duc. Sire dit le baron: le Duc de Bourgongne a une belle fille: sage / honneste & benigne: qui est chose informee a vostre estat & au moyen de ce pourrez acroistre vostre honneur & puissance: & si aurez alliance a plusieurs haulx & puissans hommes se vostre plaisir estoit de la faire demander: je suis seur que vous l'auriez voluntiers & ne vous la reffusera len point. Adonc respondit le duc que cela luy plaisoit bien & que c'estoit sagement parlé au baron. Adonc sans plus attendre le duc fist demander la damoyselle / laquelle par le duc de Bourgongne son pere luy fut octroyee / & furent faictes les nopces triumphantes.

¶ Comme aprés que le Duc de Normandie eut espousé la fille du duc de Bourgongne l'emmena triumphamment a rouen.

Aprés que le duc eust espousé la damoyselle / il l'emmena en la cité de Rouen acompagnee de plusieurs Barons & chevaliers / Dames & Damoyselles. Tant du pays de Bourgongne que d'ailleurs: en laquelle cité de rouen fut receue a tresgrand triumphe & magnificence / & fust faicte chere plantureuse entre Bourguignons & Normans qui la estoyent / desquelles choses a cause de briefveté et me tais: pour plustost venir au principal de ma matiere.

Le Duc & la duchesse vesquirent long temps ensemble / sans pouoir engendrer enfant jusques a dixsept ans par leur faulte / pour ce qu'il ne plaisoit pas a dieu estre fait car aucunesfois c'est grand profit a L'homme et a la femme / de non avoir enfant. Et seroit plus profitable aux peres et aux meres / de n'avoir jamais engendrez ne conceu: que par faulte de doctrine et enseignement de Parens enfans estre damnez. Pourquoy je dy que L'homme ne doibt demander a Dieu sinon ce qu'il luy plaist & qui est necessaire au proffit de l'ame. Comme le Duc et la Duchesse feussent gens devotz craignans et aymans Dieu: souventesfoys en oraison confessez et repentans de leurs pechez: grands ausmoniers et faisant grand secours a pauvres gens / doulx humains & begnins au monde & tant misericordieux & tant charitables aux pauvres: que c'estoit chose merveilleuse / tant que tous biens et toutes vertus en eulx habonderent Quand il advenoit que le Duc vouloit habiter avec la duchesse sa femme / il faisoit priere a Dieu: qu'il luy pleust donner & envoyer lignee & enfans: par lesquelz Dieu peust estre servy & honnoré / & aussi pour prendre plaisir & soulas. Mais pour oraison ne pour prieres que ilz sceussent faire ne pouoient avoir nulz enfans.

¶ Comme le Duc en venant de l'esbat se complaignoit a la duchesse de ce qu'ilz ne pouoient avoir enfant.

Advint un jour que le Duc & la Duchesse venoient de l'esbat. Le Duc luy dit Dame / il nous va mal: car nous ne pouons avoir nulz enfans. Celuy qui nous assembla fist grand peché. et si a un autre fussiez donnee / je croy que eussiez portez enfans: & aussi se j'eusse eu une autre femme / je croy que j'eusse engendré enfans: comme je puis bien faire: que je suis mal fortuné. Mais non pourtant si n'auray je jour de ma vie charnelle compagnie de femme que de vous je vous asseure. Et quand la duchesse eut ouy ce que le duc avoit dit elle dit Sire Duc il nous fault prendre en gré puis qu'il plaist a Dieu: et avoir patience en toutes choses.

¶ Comme Robert le diable fut engendré. Et comme sa mere le donna au diable a son concepvement.

Advint un jour que le duc alla a la chasse: courroucé & quasi comme enragé de dueil / & a soy mesmes se complaignoit et disoit je voys plusieurs notables Dames lesquelles ont plusieurs beaux enfans auquelz elles prengnent plaisir & soulas: je cognois bien maintenant que dieu me hayt: A quoy tient il que je ne le regnie & toute sa puissance: car trop me fait le cueur dolent cest que je ne puis nul enfant avoir. Le duc fist une grande folie de dire telles parolles / car jamais ne dit parolle dequoy tant se repentist ne qui si cher luy coutast / car le diable qui est tousjours prest a decepvoir le genre humain tempta le duc & luy troubla l'entendement tellement que quand il fut retourné en son palays il trouva la duchesse laquelle semblablement estoit courroucee / & lors l'acolla et baisa / et du surplus je n'en dis rien / mais lors le duc fist sa priere a Dieu que a celle heure luy pleust qu'il engendrast un enfant duquel il fust honoré & servy & qu'il donnast grace qu'il luy pleust faire chose qui a dieu fust agreable & qu'il fust a son service. Adonc la dame qui estoit courroucee dit / mais soit au diable puis que dieu n'y a puissance: car ce je conçoy aujourd'huy enfant au diable soit il donné et de cy & desja luy donne de bonne volunté. Or advint que sur ce point le duc qui du diable fut tempté engendra un enfant lequel fist plusieurs maulx en sa vie: & destruisit maintes gens ainsi que verrez cy aprés / car il estoit enclin a tous vices maulx & delitz: mais toutesfois a la fin il se corrigea & convertit si qu'il paya amende salutaire de ses forfaitz a Dieu / et a la fin il fut sauvé comme dit L'escripture.

¶ Comme robert le diable fut né et de la grand douleur que sa mere eut a l'enfantement.

La Duchesse comme dit est devant grosse de l'enfant Robert & le porta son Terme ainsi que femmes ont a coustume de porter leurs enfans combien qu'elle l'eust ja donné au diable / et est a sçavoir que la duchesse en grand angoisse peine et douleur enfante son enfant: car a la peine de l'enfantement demoura l'espace d'un moys ou plus / et se n'eust esté les bonnes prieres / jeusnes / aumosnes que faisoit chascun jour le duc pour la pitié de la duchesse a laquelle il veoit tant de travail endurer / la Duchesse ne fut point delivree de son enfant ainsi que len tient estre vray / ains a l'enfantement fut comme morte. Plusieurs haultes Dames et Damoyselles lesquelles a l'enfantement de la Duchesse que estoient esbahies de la peine qu'elles veoient souffrir et endurer a la duchesse / car elles cuidoient bien qu'elle fust au dernier de ses jours.

¶ Des terribles signes qui furent ouys et veuz au naissement de Robert le diable.

Et quand l'enfant duquel je parle fut né il estoit de horrible stature et lors sourdit une nuee / ainsi que dient les cronicques si obscure qu'il sembloit qu'il deust venir nuict et commença a tonner et esclairer tellement que il sembloit que le ciel fust ouvert & le feu parmy la maison. Les quatre vens aussi furent mis sus par telle maniere que la maison trembloit si fort que une partie tomba par terre. Les seigneurs dames et Damoiselles qui la estoient pensoient bien alors prendre fin veu les terribles tempestes & vens que lors couroient. Ainsi que Dieu voulut le temps s'apaisa & fut serain et doulx: adonc on porta baptiser l'enfant qui fut nommé Robert / car chascun qui l'enfant veoit s'esmerveilloit de ce que il estoit si grand & si bien fourny: car a le veoir on eust juré qu'il eust eu un an antier il estoit nourry quasi a demy et en portant & raportant ledit enfant a l'eglise il ne cessoit de plorer & tantost les dentz luy saillirent desquelles il mordoit les nourrices qui l'alaictoient tellement que nulle femme ne le vouloit plus alaicter / et fut force que on luy baillast a boire par un Bubert qu'on luy mettoit en la bouche / et avant qu'il eust un an antier il alloit & parloit aussi bien que font les autres enfans a cinq ans: tant plus croissoit: tant plus se delectoit a mal faire: car depuis qu'il sceut aller tout seul il n'estoit homme ne femme quil le peust tenir. Et quand il trouvoit les autres petis enfans il les batoit et frapoit et leur jettoit pierres et frapoit de gros bastons et quelque part qu'il fust il ne cessoit de mal faire. Il commença bien jeune a mener mauvaise vie: il rompoit les bras a l'un les jambes a l'autre. Les Barons qui ce veoient desoient que ce estoit jeu: et prenoient plaisir a ce que l'enfant faisoit: dont puis aprés en furent courroucez.

¶ Comme les enfans tous d'un commun accord le nommerent Robert le diable.

Puis peu de temps l'enfant devint grand en corsage et aussi en tresmauvais et despiteux courage: lon dit communement que mauvaise Herbe croist: plus voluntiers que la bonne: Tousjours alloit parmy les Rues heurtant l'un et frappant l'autre: et pareillement tout ce qu'il rencontroit comme s'il fust enragé ou hors du sens: nul ne s'osoit trouver devant luy: aucunesfois les enfans s'assembloient tous ensemble contre luy et le batoient: et quand ilz le veoient venir les uns disoient. Voyez cy venir robert le diable et s'enfuyoient devant luy ainsi que le diable fait devant l'eaue beniste. Et pource que il estoit mauvais les enfans qui avec luy conversoient le nommoient tous d'un accord robert le diable & tellement fut divulgué par tout le Pays que depuis ce nom ne luy fut mué ne jamais ne sera tant que le monde durera. Quand l'enfant eut environ six a sept ans / le duc voyant les manieres de son filz l'appella et luy dit. Mon filz il est temps que tu ayes maistre pour t'aprendre & instruire / et pour te mener a l'escolle: car tu es ja assez grand pour aprendre tous honneur et pour suivre bonne meurs et aprendre a lyre et a escripre / et de fait le duc luy bailla un maistre a fin que par luy fust nourry et gouverné.

¶ Comme Robert le diable tua son maistre.

Nous trouvons que le maistre voulut corriger robert pour le retraire des maux que il faisoit: mais Robert tira son cousteau duquel il frapa son maistre tel coup par le ventre que il luy fist yssir les boyaux tellement qu'il en mourut: puis dit Robert a son maistre en luy jettant son livre par despit. Voila vostre science jamais prebstre ne clerc ne sera mon maistre / je le vous ay bien fait a cognoistre: & onc depuis ne fut maistre si hardy qui osast entreprendre de l'instruire & chastier: mais il fut force de le laisser tel que il estoit / a tout mal faire se deduisoit & de bien faire ne luy chaloit il desprisoit Dieu et nostre mere saincte eglise / en luy n'avoit raison ne mesure: et estoit enclin a tous vice / car quand il alloit a l'eglise & il veoit que les prebstres et clercz vouloient chanter il avoit des cendres / pouldres et autres ordures que il jectoit en leur bouche par grand trahison et derision de Dieu: il s'appliquoit a tout mal faire / quand il veoit aucun a l'eglise Dieu prier il le frapoit par derriere / chascun le maudissoit pour les horribles maulx qu'il faisoit / & le duc voyant son filz estre mauvais & si mal moriginé il en estoit si courroucé qu'il eust voulu qu'il eust esté mort: et la Duchesse aussi en estoit si angoisseuse que c'estoit merveilles / et un jour elle dit au duc / l'enfant a ja beaucoup de temps et est grand et bien fourny / il me semble qu'il seroit bon de le faire chevalier et par ainsi il pourra changer ses conditions. Le Duc dit a la duchesse qu'il en estoit content: & si n'avoit Robert que dixsept ans.

¶ Comme Robert le diable fut fait chevalier.

A une feste de Penchecouste le duc voulant assembler plusieurs de ses barons & principaulx amys a la presence de ses barons. Adonc il appella robert et luy dit aprés qu'il eust ouy l'opinion des assistans. Robert mon filz entendez ce que je vous vueil dire: par conseil de noz bons amys je suis deliberé de vous faire chevalier a fin que d'icy en avant vous frequentez les autres Chevaliers preudhommes/ et que changez conditions et ayez meilleures manieres que par avant qui sont desplaisantes au monde / ains serez doulx courtois: humain: humble et begnin ainsi que les autres chevaliers: car honneur change meurs Lors Robert respondit a son pere / je feray ce qu'il vous plaira mais quand est a moy il ne me chault que je soye / car soit hault ou bas je suis deliberé de faire ce que mon courage pense & ainsi que mon plaisir me conduira: et je ne suis pas deliberé de mieux faire que le temps passé / je suis dit robert la moytié trop sage: d'estre chevalier ne me chault. La veille de la Penthecouste fut bien veillee / mais celle nuit Robert le diable ne cessa de frapper l'un & heurter l'autre. Robert ne pouoit demourer en un lieu / car il ne se soucioit gueres de prier dieu: le lendemain fut le jour de Penthecouste Robert fut fait chevalier. Le duc fist crier unes joustes ausquelles fut Robert et si ne craignoit homme tant fust preux et hardy il assailloit un chascun qui la estoit: Les joustes commencerent et eussiez veu chevaliers tomber par terre: car Robert le Diable qui estoit plain de cruaulté n'espargnoit homme / tous ceulx qui devant luy estoient il faisoit tresbucher du cheval a terre. A l'un rompit la cuisse: a l'autre le col. Il attendoit tout homme qui contre luy vouloit jouster: mais nul ne eschappoit de ses mains qu'il n'emportast sa merque aux rains: ou aux cuisses / tous estoient navrez quelque par que ce fust / Robert rompit & gasta dix chevaulx aux joustes: les nouvelles en furent aportees au duc qui en fut marry. Et quand il eust sceu comme robert s'estoit gouverné aux joustes il alla celle part et voulut faire cesser les joustes / mais robert qui sembloit estre enragé ne voulut obeir au Duc son pere et commença a fraper d'un costé & d'autre et abatre chevaulx et chevalier tellement que ce jour il occist trois des plus vaillans chevaliers qui fussent la / tous ceulx qui la estoient crioient a Robert qu'il cessast: Mais c'estoit pour neant: car il n'en vouloit rien faire: nul ne s'osoit trouver devant luy / et pource qu'il estoit si inhumain chascun le hayoit et on luy disoit. Pour dieu Robert laissez la jouste / car vostre Pere a fait crier que chascun cesse pource que maint preudhomme y a perdu la vie dont il est courroucé / Mais robert qui estoit eschauffé & quasi hors du sens / ne tenoit compte de chose qu'on luy dit / ains de pis en pis navroit & tuoit ceulx qu'il rencontroit. Tant fist Robert que le peuple qui la estoit s'esmeut / et tout esmeut vint vers le Duc disant. Seigneur duc c'est grant folie de souffrir a vostre filz Robert de faire ce que il fait / Pour dieu mettez y remede.

¶ Comme Robert s'en alla au pays de Normandie robant & pillant tout le pays / forçant et destruisant femmes et violant pauvres filles pucelles.

Quand robert vit que il n'y avoit plus personne aux joustes / il partit de la & alla a son adventure par le pays & commença a faire grans maulx plus que jamais n'avoit fait: car il efforça femmes & viola pucelles sans nombre: il tua tant de gens que ce fut pitié et n'y avoit homme en Normandie que par robert ne fust desrobé et outragé / mesmement il pilloit les eglises & si leur faisoit guerre: et n'y avoit abaye autour le pays de Normandie que Robert ne fist pillier les nouvelles des faitz de robert furent racomptez au Duc / et tous ceulx qu'il avoit batus et destruis se venoient plaindre au duc & luy comptoient les meffaitz que Robert faisoit par le pays de Normandie / l'un disoit / monseigneur vostre filz robert a efforcé ma femme / l'autre disoit il a violé ma fille / et l'autre disoit il m'a desrobé et pillé / et l'autre disoit il m'a batu et navré / or estoit piteuse chose a ouyr compter les maulx que faisoit Robert. Le duc qui oyoit dire ces choses de son filz robert / de grand dueil qu'il avoit en son cueur se print a plorer & dit / beau sire Dieu de Paradis j'ay eu si grand joye & estoit tout mon plaisir d'avoir un filz pource que j'esperois en avoir grand soulas et joye. Or j'en ay un lequel me fait tant de douleur et de tristesse que je ne sçay que je dois faire.

¶ Comme le duc de Normandie envoya gens pour prendre son filz Robert: ausquelz Robert creva les yeulx.

Il y avoit un chevalier qui estoit la & voyant le duc en si grand douleur il dit: Monseigneur je vous conseille que mandez Robert et le faictes venir devant vous et en la presence de toute vostre cour & luy deffendez qu'il ne face mal a personne ou autrement vous luy direz que le ferez emprisonner & si ferez faire de luy justice. A ce s'acorda le Duc et dit que le chevalier avoit bien parlé: et incontinent envoya gens par le pays chercher Robert et leur commanda que il fust amené devant luy robert qui estoit par le pays sceut les nouvelles que le peuple s'estoit plaint a son pere et avoit commandé qui fust prins et mené vers luy et tous ceulx que robert rencontroit: et mesmement aux messagers du duc il leur crevoit les yeulx par despit de son pere qui les avoit la envoyez Et quand il les avoit ainsi fait aveugles il leur disoit par grand mocquerie: Galans vous en dormirez mieulx allez et dictes a mon pere que je ne le prise guere et que par despit de luy et de ce qu'il m'a mandé je vous ay les yeulx crevez & ainsi le devez croire par quoy Robert estoit hay de Dieu et du monde. La vie et fame de luy estoit divulguee par tout le monde. Les messagers qui par le duc avoient esté envoyez querir Robert retournerent plorant devant le duc & luy dirent Voycz seigneur duc comme vostre filz nous a aveuglez et mal atournez. Le duc fut courroucé des nouvelles qu'il ouyt par ses messagers & commença a penser qu'il pourroit faire: & comme il en pourroit chevir.

¶ Comme le Duc de Normandie fist faire un commandement par tout son pays que robert fust prins et mis en prison luy et ses compagnons.

Lors un de son conseil se leva et dit au Duc: Seigneur ne pensez plus a cecy / car je vous asseure que veu la rebellion de robert et de ce qu'il a fait aux pauvres messagers jamais ne reviendra vers vous: Mais est necessaire de le pugnir des maulx et homicides lesquelz il a faitz et perpetrez et ainsi le trouvons nous aux loix et droitz escriptz ainsi raison le veult et le doit faire. Le Duc estoit sage si voulut user de son conseil: & incontinent envoya par toutes les ville de sa duché crier et publier & faire exprés commandemens de par luy a tous sergens justiciers & officiers qu'ilz fissent diligence de prendre robert et iceluy prins le garder & enfermer & tout ceulz qui estoient avec luy & qui a mal faire luy tenoient compagnie. Cest edit fait & publié par le duc: Ledit edit vint tantost a la cognoissance de Robert & quand il le sceut a peu qu'il n'enragea de dueil & peu s'en faillit que il ne yssit hors du sens et aussi semblablement les meurtriers lesquelz estoient en la compagnie de Robert furent espouentez et de la criee que le Duc avoit faicte eurent grand paour: Robert quasi enragé & hors du sens estraignoit les dentz et jura qu'il feroit guerre a son pere et qu'il destruiroit son lignage: car le diable enhortoit Robert a ce faire.

¶ Comme robert le diable fist faire une maison en un grand boys tenebreux et obscur & la fist des maulx sans nombre.

Aprés ces choses dessusdictes ouyes par Robert / il fist faire une maison forte en un boys en un lieu tenebreux et la alla robert faire sa demourance / et estoit le lieu quasi inhabitable / merveilleux / espouentable / estrange & hideux et avec ce le plus perilleux que lon sçauroit penser ne dire: robert fist assembler avec luy tous les plus mauvais garsons du pays et iceulx retint pour le servir et acompagner: car il y avoit gens mauvais de terribles & diverses sortes / comme larrons / meurdriers: escorcheurs / gens pervers et maulditz / agresseurs de chemins: Brigans de boys / et gens bannis et excommuniez et gens du diable toute mauvaise garsonnaille / desirans de mal faire / gens felons et orgueilleux & les plus terribles de dessoubz les cieulx / et de telz gens fist robert grand assemblee et d'eux estoit capitaine robert. En ce boys fist Robert le diable luy et ses compagnons des maulx innumerables & sans nombre: ilz coupoient gorges et destruisoient marchans: nul ne s'en osoit aller sur les chaus pour la crainte de Robert le diable et de ses compagnons. Chascun en avoit paour: tout le pays estoit par eulx robbé et pillé ne nul n'osoit saillir de son hostel que il ne fust prins et ravy de robert et de ses compagnons. Pauvres pelerint qui passoient par le pays estoient prins et meurtris par robert et ses gens. Chascun craignoit et doubtoit robert et ceux de sa compagnie: ainsi que les brebis craignent les loups car a la verité dire c'estoient loups ravissans & devorans tout ce qu'il pouoient autaindre & rencontrer on s'esbahissoit comme dieu seuffroit telles choses estre faicte. La mena robert mauvaise vie avec ses compagnons: a toute heure il vouloit menger & gourmander ne jamais ne jeusna jeusne Tant fust grande vigile ne la quarantaine ne les quatre temps: Tous les jours mengeoit chair aussi tost le vendredy que le dimenche: mais aprés qu'il eut luy et ses gens fait plusieurs maulx il souffrit beaucoup de peine en ce monde ainsi que verrez cy aprés.

¶ Comme Robert le diable tua sept hermites qu'il rencontra dedans le boys.

Du temps que Robert le diable estoit en ce boys avec ces meurdriers et pilleurs d'esglises / pires que loups ravissans / Il ne craignoit Dieu ne sa doulce mere en mal il n'y avoit son pareil au monde car il ne avoit singulier reffuge a sainct ny a saincte: il ne craignoit ne dieu ne diable: sathan ne lucifer ne autre. Un jour robert qui estoit entalenté de mal faire s'en alla tout seul dehors son hostel pour chercher quelque malle adventure ou aucun a qui il peust mal faire ainsi qu'il avoit acoustumé de faire. Et d'aventure il rencontra au meilleu du Boys sept Hermites: et incontinent se tira vers eulx comme un homme enragé desgaina son Espee et occist les sept hermites qui estoient gens devotz sainctz et de bonne vie et fors et puissans pour eulx revencher contre Robert Mais ilz ne luy voulurent faire resistence: & souffrirent pour l'honneur de dieu ce qu'il leur voulut faire et quand il les eust occis tous sept: il dit en se mocquant des Hermites qui estoient mors: j'ay cy trouvé une belle nichee laquelle j'ay mise ou elle devoit venir: Galans dit Robert vostre vie est finee. La fist Robert grand meurdre par despit de dieu & de la saincte eglise: Robert vouloit mettre en sa subjection tout le monde & aprés qu'il eust fait ce bel ouvrage il saillist de la forest comme un diable forcené et pis que un homme enragé tous ses habillemens estoient rouges de sang de ceulx qu'il avoit occis. En cest estat chevauchoit Robert par les champs ensanglanté: mains: piedz & visage.

¶ Comme Robert le diable s'en alla au chasteau D'arques devers sa mere la Duchesse: laquelle estoit la venue disner.

Tant chevaucha Robert que il fust auprés du Chasteau d'arques: mais en son chemin rencontra un berger lequel luy dit que la duchesse sa mere celuy jour devoit venir disner au chasteau par quoy robert se tira celle part mais quand il aprocha du chasteau vous eussiez veu fuyr hommes: femmes & petis enfans ainsi que les brebis font devant le Loup les uns s'enfermoient dedans leur maisons: & les autres en L'eglise se reculoient: Robert voyant que chascun s'enfuyoit ainsi devant luy commença a penser en luy mesme et dit tout en plorant. Beau sire dieu de Paradis a quoy tient il que chascun s'enfuyt en telle maniere de devant moy. Or suis je bien malheureux & le plus fortuné que homme du monde / il semble que je soye un Juif ou un ladre. Helas dit robert le diable je congnois bien que je suis des mauvais le pire. Or doy je bien mauldire ma vie: car je croy bien que je suis hay de Dieu / et du monde / en ce penser & douleur vint Robert jusques a la porte du chasteau & la descendit de dessus son cheval: mais il n'y avoit homme qui de luy osast approcher pour prendre son cheval. Si le laissa a la porte du chasteau: & puis desgayna son Espee laquelle estoit toute ensanglantee / & s'en alla a la salle ou estoit sa mere. Quand la duchesse vit robert son filz duquel elle sçavoit la cruaulté fust toute effroyee & s'en voulut fuyr Lors Robert le diable qui ja avoit veu comme les gens s'en estoient fuys devant luy il en eut si grand douleur qu'il s'escria effroyement a sa mere. Madame pour Dieu ayez mercy de moy: & ne vous bougez jusques a ce que j'aye parlé a vous. Lors s'approcha Robert de la Duchesse & luy dit en ceste maniere: Madame je vous supplye humblement qu'il vous plaise me dire a quoy il tient que je suis si cruel: car il fault que cela procede de vous ou de mon pere / pourtant je vous prie que m'en dictes la verité.

¶ Comme la Duchesse mere de Robert luy requist que il luy coupast la teste / & puis luy compta comme elle l'avoit donné au diable.

Moult fut la duchesse esbahye d'ouyr ainsi parler Robert le diable & elle cognoissant son cas se jecta aux piedz de son filz & luy dit en plorant. Mon filz je vueil d'icy & desja que vous me coupez la teste & que vous m'ostez la vie. La Duchesse mere de Robert disant cela pour la pitié qu'elle avoit de son enfant pource qu'elle sçavoit bien que c'estoit par elle que Robert estoit si mauvais pour les parolles qu'elle dit a sa conception. Robert dit a sa mere tout triste: Helas Madame pourquoy vous occiroys je moy qui tant ay fait de maulx: encores feroys je pis que jamais ne fis: pour nulle chose je ne le ferois. La duchesse luy recita de point en point / comme ce luy estoit advenu: & comme premier qui fust engendré elle l'avoit donné au diable en soy blasmant & vituperans d'avoir commis si grand meschef & se reputoit estre la plus malheureuse / que jamais fut sur terre & peu s'en faillit qu'elle ne fut toute desesperee. Quand Robert eut entendu ce que sa mere luy avoit dit / de la grand douleur qu'il eust au cueur en tomba a terre tresvanouy: & fut une grand piece sans ce celer: & en plorant dit / les diables ont grand envie d'avoir mon corps et mon ame / mais d'icy en avant je vueil delaisser a mal faire & renoncer a toutes les oeuvres du diable. Puis dit a sa mere en plorant laquelle il veoit en si grand douleur: ma treshonnoree dame & mere je vous supplye humblement que soit vostre plaisir me recommander a monseigneur le duc mon pere: car je m'en vueil aller a Rome pour me confesser des Pechez que j'ay faictz ne jamais ne dormiray a mon ayse jusques a ce que j'aye esté a Rome. Mon pere m'a fait bannir de son pays: & tousjours m'a mené grand guerre: mais de cela ne m'en chault: car je ne vueil jamais assembler richesses ne autres biens: je suis deliberé du tout a faire le sauvement de mon ame & a cela d'icy en avant vueil employer mon temps & mon entendement.

¶ Comme Robert print congé de sa mere: laquelle demena grand dueil de sa departie.

Tost aprés Robert monta a Cheval & retourna vers ses gens: lesquelz il avoit layssez en la Forest: & la Duchesse demoura en son hostel faisant grand Dueil / pour l'amour de Robert qui d'eulx avoit prins congé. Souventesfoys elle s'escrioit. Lasse dolente que feray je: mon filz Robert n'a pas tort s'il n'a cure de moy. Car bien me doit hayr & mal vouloir / qui suis cause de tant de maulx que il a faictz. Ainsi que la Duchesse demenoit ce dueil / le Duc arriva: & quand la Duchesse le vit elle luy compta ce que Robert avoit faict: & le Duc luy demanda se Robert se repentoit point du mal qu'il avoit fait: ouy dit la duchesse le Duc souspira fort & dit. Helas c'est pour neant ce que Robert fait. Car il ne sçauroit jamais restaurer les dommages qu'il a fais par le pays & toutesfoys je prie a Dieu qu'il le vueille conduire en telle façon que il puisse venir a bonne fin: car je ne croy pas que jamais il puisse retourner s'il est en chemin d'aller a Rome qu'il ne meure si dieu n'a pitié de luy

Depuis que Robert fust party D'arques d'avec sa mere Chevaucha tant par ses journees: qu'il arriva dedans le boys ou avoit laissé ses compagnons lesquelz disnoient. Et quand ilz virent Robert tous ensemble se leverent pour luy faire honneur et reverence. Adonc Robert leur commença a remonstrer leur vie perverse & mauvaise en les voulant Corriger des maulx qu'ilz avoient faitz & leur dit. Pour l'honneur de Dieu compaignons entendez ce que je vous diray: vous sçavez la delectable vie que nous avons mené le temps passé pour noz corps & noz ames vous sçavez quantes eglises nous avons ravies &

destruictes / et quantz marchantz destroussez & mis a mort / quantz gens d'eglises & autres vaillans hommes par nous ont esté mis a mort: desquelz le nombre est infiny. Parquoy nous sommes tous en danger de estre damnez se dieu n'a pitié de nous / parquoy je vous suplye pour l'amour de dieu que soit vostre plaisir de laisser ce dangereux train Et que d'icy en avant entendons a bien faire & a faire penitence de tous les pechez que vous avez commis / car quand est a moy je suis deliberé de m'en aller a rome pour mes pechez confesser: esperant obtenir grace et pardon: et la je feray penitence salutaire ainsi qu'il me sera enjoint. Alors l'un des larrons se leva comme enragé et hors du sens & va dire par grand mocquerie a ses compagnons. Advisez le regnard il deviendra un Hermite. Robert se mocque bien de nous qui est nostre capitaine & nostre maistre & est celuy qui fait pis que nous autres: & qui nous a monstré le train: que vous en semble / cecy durera il en ceste façon. Seigneurs dit Robert je vous prie que vous laissez ces choses & entendez au sauvement de voz ames & de voz corps / et demandez pardon & misericorde a dieu tout puissant & il aura pitié de vous & si vous fera grace: ce seroit une grande erreur a vous de demourer tousjours en tel estat: & pourtant employez voz oeuvres a dieu servir et honorer. Quand Robert eut ce dit l'un des larrons luy dit. Notre maistre laissez toutes ces choses: car vous parlez pour neant: car moy ne mes compagnons pour rien que vous puissiez dire ne faire nous n'en ferons autre chose soyez en seur: & nous donnissiez vous deux cens mille mars tout d'or fin / telle est nostre destinee & intention a cela sommes nous obstinez. Ne nous ne sçaurions jamais demourer en paix ne nous retraire de mal faire tant a cela nous sommes abandonnez et acoustumé quoy qu'il en doive advenir. Tous les autres qui la estoient dirent tous d'un commun accord: il dit vray: car pour vie ne pour mort nous ne nous tiendrons point de mal faire & occire tous les contredisans: & si dirent encores plus outre s'ilz ont esté le temps passé bien mauvais et divers encores seront ilz pires le temps advenir. Il est conclud entre nous autres que de mal faire ne laisserons jamais jour de nostre vie car c'est nostre plaisir et volunté.

¶ Comme Robert assomma tous ses compagnons.

Or quand Robert eut entendu ce que les larrons luy dirent: il en fut courroucé & s'advisa que ce ses ribaulx pilleurs demouroient en telle opinion qu'ilz feroient encores beaucoup de mal / si se tira vers la porte & la ferma: puis print une grosse massue dequoy il frappa un des ribaulx tel coup qu'il tomba par terre / & tellement exploicta Robert sur ces Larrons que l'un aprés l'autre les assomma. Quand Robert eut ainsi atourné ces galans il dit en luy mesme: Galans je vous ay bien guerdonnez de tel service tel loyer. Pour ce que m'avez bien servis je vous ay bien payez selon voz dessertes: car qui bon maistre sert bon loyer en atend. Or a la fait Robert un tel exploit / & pour achever son chef d'oeuvre il pensa qu'il mettroit le feu en la maison: & n'eust esté qu'il y avoit tant de biens lesquelz par le feu se fussent gastez & jamais n'eussent proffité robert eust bruslé la maison / mais il pensa en luy mesmes que ce seroit grand dommage que tant de biens perissent tout en un coup / mais cela ne voulut pas faire: ains ferma la maison & print la clef & avec luy l'emporta.

¶ Comme Robert envoya la clef de sa maison a son pere le duc de Normandie.

Puis quand robert cest ce fait il fist le signe de la Croix & puis se print a chevaucher parmy la Forest / & puis il print son chemin a Rome: ce jour chevaucha tant Robert que la nuyct le print / il avoit grand fain & si ne sçavoit ou il debvoit souper. Tant fist Robert que il approcha d'une Abbaye laquelle avoit en son temps haye / & l'avoit plusieurs fois pillee / & toutesfois un sien parent en estoit abbé: & les moynes hayoient Robert a mort autant que le triacle faict le venim. Robert fist tant qu'il arriva en l'abbaye triste & entra leans sans dire mot a personne. Et quand les moynes le virent si en furent esbahys & espouentez & se mirent a fouyr devant luy en disant. Voyez cy venir robert hors du sens / quel diable l'a icy amené. Adonc renouvellerent les douleurs de Robert & dict a luy mesmes en souspirant en son cueur: bien dois hayr ma vie: car chascun me hayt & me fuyt & deboute: j'ay bien mal usé ma vie & passé mon temps. Robert s'en alla tout droit descendre devant la grand porte de l'eglise de l'abbaye: & la fist son oraison a dieu en ceste maniere: mon Dieu mon createur je te suplye que ayes pitié et mercy de moy / et me vueillez garder de peril & de danger: puis retourna sa parolle vers la table des religieux / & doulcement parla a eulx tant que l'abbé & les religieux vindrent vers luy ausquelz Robert dit. Messeigneurs j'ay grand tort de vous & de vostre eglise: & sçay bien que je vous ay fais plusieurs maulx desquelz je vous requiers pardon: & vous supplie que ayez de moy compassion. En disant ces parolles Robert estoit a genoulx devant l'abbé & les religieux. Quand Robert eust ainsi parlé en general / il dit a l'abbé. Je vous prie de me recommander a mon pere et que luy baillez ceste clef qui est de la maison ou je me tenois moy & mes compagnons lesquelz j'ay tous occis: en celle maison sont tous mes tresors / lesquelz j'ay a plusieurs desrobez tant ceans que ailleurs dequoy j'ay grand douleur & grande desplaisance a mon cueur. Si vous requiers pardon / & supplie que tous les biens qui sont en ceste maison qu'ilz soient rendus a ceulx a qui il apartiennent. Robert demoura celle nuict en ceste abaye & le lendemain se departit & laissa son espee de laquelle il avoit fait tant de maulx / & aussi son cheval & a piedz se mist a chemin pour aller a Rome. Celuy jour l'abbé s'en alla devers le duc & luy porta la clef laquelle Robert luy avoit baillee & luy compta la vie de son filz. Le duc fist rendre aux pauvres gens leurs biens / & a chascun ce qu'il luy appartenoit: icy laisserons a parler du duc & de l'abbé: & retournerons a Robert qui s'en alla a Rome a grand humilité & devotion.

¶ Comme robert s'en alla a Rome pour avoir de ses pechez pardon.

Robert s'en alla tout seul a Rome Dieu le vueille conduire & luy doint grace de parvenir a son propos / si chemina tant robert par ses journees qu'il arriva a Rome au jour du jeudy sainct la veille du grand vendredy / il arriva a bon jour pour soy confesser & mettre en bon estat. Je vous prie que etendez ce que aprés s'ensuyt: & vous orrez merveilles de l'extreme penitence que fist robert ainsi que il pleut au saint pere luy enjoindre pour ses pechez et meffaictz: desquelz il avoit grand contriction et repentance. Robert fist tant que il alla jusques a Rome & changea tout son courage / tellement qu'il fut preudhomme: & pour la grand bonté qui en luy fut L'empereur de Rome qui pour lors estoit luy donna sa fille a femme & l'emmena Robert: a grand honneur et triumphe de Rome jusques en Normandie / mais premier il fist penitence l'espace de sept ans comme cy aprés orez.

¶ Comme Robert vint a Rome.

Quand Robert fust arrivé a Rome comme dessus est dict le jeudy absolu / le Pape qui est vicaire de Dieu en terre / estoit en l'eglise de sainct Pierre & la faisoit le divin service ainsi qu'il est accoustumé de faire. Robert s'efforçoit de aprocher pres du Pape / mais les ministres du Pape estoient courroucez de ce que robert se vouloit aprocher du pape. et aucuns qui le veoient frapoient sur luy. Mais tant plus frapoient robert tant plus s'avançoit et fist tant que il vint ou estoit le pape & se jetta a ses pieds en disant. Pere sainct ayez pitié de moy. Ces motz dit Robert par plusieurs fois / ceux qui estoient pres du pape estoient marris de ce que Robert faisoit si grand bruit & le vouloient oster mais le sainct Pere vayant l'ardent desir de Robert il en eut pitié et dit a ses gens. Laissez le / car a ce que je puis cognoistre de luy il a grand devotion & commanda le Pape faire silence a fin que il peust mieulx entendre ce que robert vouloit dire. Lors Robert parla au pape et dit. Pere sainct je suis le plus grand pecheur & le pire du monde. Le pape print robert par la main & le fist lever puis luy demanda. Mon amy que veux tu dire: et pourquoy crie tu ainsi. Ha pere sainct dit robert je vous supplye de moy ouyr en confession: car ce je n'ay absolution de vous des pechez que j'ay faictz je seray dampné ainsi que on m'a dit / et si ay grand paour que le Diable ne m'emporte: veu les terribles et enormes pechez desquelz suis renpli plus que nul qui soit sur la terre et pource que estes celuy ainsi qu'on dit qui avez la puissance de donner confort a ceulx qui en ont besoing: je vous supplye en l'honneur de la passion de Dieu que il vous plaise de mes maulx & delitz desquelz la conscience me remort: & par lesquelz je suis tant vil & abohminable le plus que n'est un Diable: que vous me vueillez nettoyer de mes pechez. Et quand le Pape ouyt Robert il se doubta que ce ne fust Robert le diable & luy demanda Beau filz es tu point robert duquel j'ay tant ouy parler qu'on dit estre si mauvais & le pire que onc fust sur terre. Ouy dit robert. Le pape luy dit. Tu auras absolution / mais je te conjure de par Dieu tout puissant que tu ne faces mal a nully: et estoit le Pape et ceulx qui la estoient tous espouentez de veoir robert. Alors robert s'agenoilla devant le Pape en grande humilité contriction & repentance de ses pechez & dist. Ja a Dieu ne plaise que je face mal a personne qui soit icy ne autre tant que je m'en pourray garder: tantost le Pape se tira a part et fist venir Robert devant luy lequel il confessa et declara au Pape comme a sa conception pource que sa mere estoit courroucee elle l'avoit donné au diable / disant que de ce avoit grand douleur paour et crainte.

¶ Comme le Pape envoya Robert a trois lieues de Rome vers un sainct Hermite pour avoir penitence de ses pechez.

Quand le Pape l'entendit parler il s'esmerveilla fort et fist le signe de la croix: devant son visage et dict a robert. Mon amy il fault que tu voyses a trois lieues d'icy en un lieu auquel tu trouverras un prebstre qui est mon confesseur / a luy tu te confesseras de tous les pechez que tu fis onc et luy diras qu'il te donne penitence: selon que tu as merite. Celuy que je dys / et le plus preudhomme et le plus sainct qui soit sur terre / je suis seur que par luy seras bien confessé & absoubz: robert respondit au Pere sainct: je le feray voluntiers puis print congé du sainct Pere en disant: dieu vueille que je puisse faire chose par laquelle je puisse faire le sauvement de mon ame / ce jour se passa et demoura Robert a Rome pource que il estoit presque nuyct. Le lendemain au matin Rober se mist a chemin pour aller vers L'hermite / auquel le pape l'envoya: et fist tant robert qu'il arriva au lieu auquel l'hermite se tenoit: et quand il fust la arrivé il compta a l'hermite comme le pape l'envoyoit devers luy pour se confesser. Adonc l'hermite luy dit vous soyez le bien venu. Et quand ilz eurent un peu demouré ensemble Robert luy compta l'estat de sa vie et luy declara ses pechez. Et premierement luy compta comme par courroux sa mere l'avoit donné au diable par sa conception: dont il avoit grand paour. Et comme aprés qu'il fut un peu grand batoit les enfans Et comme il rompoit la teste a l'un les bras a l'autre / et a l'autre les jambes: & comme il avoit tué son maistre d'escolle pour ce qu'il le vouloit chastier: et comme pour sa malice il n'y eust depuis maistre si hardy qui l'osast prendre en gouvernement / dequoy faisoit conscience pource qu'il avoit ainsi mal employé son temps sans rien aprendre et comme aprés que son pere l'avoit fait chevalier il occist tant de vaillans & nobles chevaliers en la jouste par sa grand cruauté: et aprés comme il s'en estoit allé par le Pays: en destruisant les eglises et efforçant les femmes mariees en violant pauvres filles pucelles & comme par despit de son pere il avoit crevé les yeux aux messagers de son pere & comment il tua les sept hermites / et pour abreger compta toute sa vie a L'hermite depuis le jour qu'il fut né jusques a celle heure: dequoy L'hermite s'esmerveilloit: & non pourtant il estoit fort joyeux de la contriction qu'il veoit avoir a Robert de ses pechez. Quand ilz eurent longuement parlé ensemble. L'hermite dit a Robert / mon filz vous demourrez aujourd'huy ceans avec moy: & demain au matin au plaisir de dieu je vous confesseray & vous donneray bon conseil de ce que vous avez affaire: robert lequel avoit esté ainsi que dessus avez ouy le pire / le plus cruel / le plus terrible / et le plus felon que jamais fut sur terre: plus orgueilleux et fier qu'un Lyon & estoit alors le plus doulx / le plus begnin / le plus humble: & le plus debonnaire qu'on eust jamais sur terre veu ne sceu: le plus beau: le plus plaisant en touz ses faitz & ditz: & aussi belle contenance que jamais eust prince. Robert estoit tant las de la peine que il avoit enduree que il ne pouoit boire ne menger: si se mist a part a genoux pour faire son oraison / & commença a dieu prier que par sa saincte misericorde le voulsist garder de l'ennemy d'enfer & qu'il luy pleust donner victoire sur luy. Quand il fut nuit L'hermite fist coucher robert en une petite chapelle laquelle estoit en celuy hermitage gente & plaisante / moult saincte et devote. L'hermite ne cessa toute nuict de prier dieu pour robert le diable lequel il veoit avoir si grande repentance / si fut si longuement L'hermite en oraison: que il s'endormit.

¶ Comme l'ange de dieu annonça a l'hermite la penitence qu'il devoit enjoindre & donner a robert pour le salut de son ame.

Par la volunté de dieu incontinent que il fut endormy il songea: et luy fut advis que un ange lequel estoit envoyé de Dieu luy disoit en ceste maniere. Homme de dieu escoute ce que Dieu par moy te mande. Se Robert veult avoir pardon de ses pechez il fault qu'il contreface le fol & le muet & que il ne menge riens sinon ce que il pourra oster aux Chiens: & si fault qu'il soit en tel estat sans parler & sans menger jusques a ce qu'il plaira a Dieu luy reveler & qu'il aura fait penitence suffisante pour purger ses pechez / en telle maniere se contiendra robert sans parler / et sans menger comme dessus est dist: et adonc l'hermite s'esveilla tout effroyé et commença a penser sur son songe: & quand il eut longuement pensé il commença a louer & remercier Dieu de ce que il avoit prins pitié de son pecheur: et fut joyeux en luy mesmes de son songe / puis se mist en oraison en attendant le jour. Et quand le jour fut apparu il fut esmeu d'ardant amour envers Robert & l'apella & luy dit. Mon amy venez ça vers moy: & lors robert s'aprocha incontinent du sainct hermite & en grand contriction & reverance de tous ses pechez se confessa / et aprés que Robert se fut humblement confessé: L'hermite luy dit. Mon filz j'ay pensé a la penitence laquelle vous convient faire et acomplir a fin que puissiez grace & pardon obtenir envers dieu de tous les pechez que vous avez faitz: c'est que vous ferez le fol & ne mengerez rien sinon ce que pourrez oster aux chiens quand on leur aura donné a menger & si vous gardez bien de parler nom plus que un muet: ainsi a esté vostre penitence ordonnee a moy de par dieu revelee & durant le temps de vostre penitence: ne feré mal a personne et vivrez en cest estat jusques a ce que il plaira a dieu vous faire assavoir que il suffise et ces choses icy vous commande & enjoinctz faire & accomplir expressement. Car quand vous aurez fait vostre penitence suffisante il vous sera mandé de par dieu que vous cessez. Quand robert eut entendu ces choses il fut joyeulx et remercia dieu pource qu'il estoit quite et assoubz pour si peu. Lors print congé robert de l'hermite & s'en alla par grand humilité et devocion commencer son aspre et dure penitence / laquelle luy avoit enjoint L'hermite et si sembloit bien a luy qu'elle estoit petite et de peu d'importance veu et consideré les enormes pechez / lesquelz avoit commis du temps de sa jeunesse Dieu demonstra alors un beau miracle par sa grace & infinie bonté / puissance & misericorde quand d'un homme plus orgueilleux qu'un lyon: plus felon et cruel que n'est un tigre de tous maulx / vices & pechez / plus remply que jamais fut homme: et par sa grand pitié et misericorde: en a fait innocent / humble / gracieux / doulx et begnin comme un Aygneu: & toutes ces meurs & conditions changees de mal en bien.

¶ Comme Robert print congé de L'hermite: & s'en retourna a Rome faire sa penitence.

Disant a Dieu a L'hermite: il s'en alla & pria Dieu que par sa saincte grace / il le voulsist conduire si tresbien qu'il puisse faire et accomplir sa penitence au proffit et a la salvation de son ame. Et tant chemina que il vint a Rome. Et quand fut la venu se print a cheminer par devers la ville contrefaisant le fol / il n'eut gueres cheminé que plusieurs petis enfans qui cuydoient que il fust fol: tous ensemble alloient courant en se mocquant de luy & jettant contre luy souliers vieulx & alloient criant aprés en faisant grand bruyt par les rues les gens de rome qui cela pouoient veoir s'en mocquoient et crioient car c'est la coustume de se rire plustost d'une folie que d'une grand sagesse: Robert avoit plus de gens autour de luy que se il eust esté bien sage. Quand robert eut longuement demouré a rome un jour advint que il se trouva auprés de la maison de L'empereur / et pource que la porte estoit ouverte il entra dedans / et tantost se print a pourmener par la salle / a l'une fois il alloit fort a l'autre tout bellement: et puis couroit et s'arrestoit tout quoy: mais ne demouroit gueres en un lieu: l'empereur qui la estoit s'en print garde et vit de robert les manieres & puis dit a un de ses escuyers en parlant de Robert. Voyez le plus bel escuyer que jamais je vis: mais je cuyde qu'il soit fol dont c'est dommage: car il a beau corps et bien formé: faictes luy donner a menger appellez le et le faictes bien servir. Lors l'escuyer appella robert / mais Robert ne respondit mot: puis on le fist seoir a table / et onc ne voulut boire ne manger combien qu'on luy presentast assez pain vin et viandes ceulx qui la estoient presens s'esmerveilloient de ce que robert faisoit malle chere et ne vouloit rien menger tandis que robert estoit a table l'empereur advisa un chien qui estoit soubz la table et estoit blessé d'un autre qui l'avoit mors: auquel chien L'empereur jetta un os auquel os le chien se print a ronger: quand robert vit le chien tenir l'os: saillit de la table en laquelle il estoit & courut vers le chien et tant feist que il print l'os: mais le chien se voulut revencher: et illec eussiez veu beau deduyt & plaisance: car Robert et le chien tiroient chascun de son costé: robert estoit couché par terre / et mengeoit a un bout de l'os et le chien de l'autre.

Il ne fault pas demander se l'empereur & ceux qui la estoient rioient de voir le deduit de robert & du Chien. Mais toutesfois Robert fist tant que il osta l'os du chien / et le commença a menger / car il mouroit de fain: pource que il avoit esté long temps sans menger L'empereur qui regardoit ces choses cognoissant que robert avoit grand fain: lors jetta a un autre chien un pain tout entier: mais incontinent robert luy osta et le rompit & en donna au chien ainsi que raison estoit: car par le chien avoit eu le pain. L'empereur commença a rire quand il vit cela: et puis dit a ses gens nous avons ceans le plus nouveau fol et le plus villain que je vis oncques jour de ma vie / qui oste le pain aux chiens pour le menger parquoy lon peult bien cognoistre sa folie. Je croy que il ne boit ne menge rien: fors que par le moyen des chiens & affin que Robert peust menger son saoul / tous ceulx de la maison de l'empereur donnoient a grande habondance a menger aux chiens de L'empereur et tant eurent a menger que robert fust saoul. Puis robert commença a soy pourmener par la salle tenant en sa main un baston: duquel il frappoit contre les bancz & murailles comme s'il fust fol / & en se pourmenant par celle salle il vint trouver une porte par laquelle on entroit en un beau verger auquel avoit une belle fontaine et clere laquelle alloit coulant par dedans ledit verger: a laquelle robert qui avoit grand soif alla boire tout son saoul.

Quant la nuyt s'aprocha Robert se tint auprés du chien & tousjours le suivoit le chien qui avoit accoustumé de coucher soubz un degré de la Salle / et Robert qui ne sçavoit ou il debvoit gesir / au plus pres du Chien se alla coucher pour celle nuyt. L'empereur qui ce regardoit eut pitié de Robert et commanda luy apporter un lict et qu'il fust couché bien a droit. Incontinent deux Chevaliers apporterent un lict: mais Robert ne voulut que le lict demourast et fist signe que on le reportast et ayma mieulx coucher sur la terre que sur le lict qui estoit bien mol: et adonc Robert fist signe a ceulx qui la estoient qu'ilz s'en retournassent dont l'empereur s'en esbahissoit fort / et de rechef commanda qu'on apportast de la paille a grand foison pour mettre dessoubz Robert laquelle fut aportee / et Robert qui estoit las et rompu se coucha pour soy dormir et reposer.

Pensez quelle vertu de patience il y avoit en robert: car celuy qui par avant avoit acoustumé de coucher en lict mol et bien encourtiné et linceux fins et deliez: en chambre bien paree et tapissee & avoit accoustumé de boire vin & bruvage delicatz & frians & de menger viandes exquises ainsi qu'a son estat appartenoit estoit venu tant qu'il luy failloit boire et menger & coucher avec les chiens comme avez ouy. Chascun le souloit appeller monseigneur en luy faisant honneur comme le plus craint de la terre / alors chascun l'appelloit fol et se mocquoit de luy. Helas quelle douleur pouoit avoir robert quand estoit contraint de telles choses endurer: mais a un homme qui a hault courage riens ne luy est impossible / et a un homme pacient on ne luy sçauroit faire injure. Ne homme qui est remply de vertu ne peult estre deceu. C'est proffit & merite a l'homme de souffrir & porter en patience les injures & opprobre lesquelles a tort luy sont faictes en ce monde / car en l'autre il en obtient la grace & amour de Dieu & bien souvent en acroissent en luy vertus. Quia nomine virtutem acuit. En tel estat ainsi que vous avez peu entendre cy devant vesquit robert long temps: & le chien qui cognoissoit que pour l'amour de Robert on luy donnoit plus a menger qu'on n'avoit acoustumé & aussi que pour l'amour de Robert nul ne luy faisoit mal / ledit chien se print a aymer Robert & a toute heure luy faisoit feste.

¶ Comme Robert fist baiser le cul de son chien a un juif lequel disnoit avec L'empereur.

Advint un jour que l'empereur tenoit a Rome court: a laquelle il avoit faict assembler plusieurs grans et puissans hommes: entre lesquelz il y avoit un juif riche et puissant & qui estoit recepveur de la plus grand partie de toute la terre de L'empereur: & quand chascun fust assis a table: robert qui tenoit son chien entre ses bras et cheminoit parmy la salle contrefaisant le fol ainsi qu'il avoit acoustumé vint auprés d'un juif et le tira par derriere. Le Juif qui sentoit qu'on le tenoit par derriere: incontinent se retourna pour veoir que c'estoit / mais robert avoit apareillé le cul de son chien & luy avoit la queue levee incontinent il fist baiser le cul de son chien au Juif. Alors chascun se print a rire du juif: Ducz / Contes / Barons & Chevaliers. Le Juif qui cognoissoit qu'on se moquoit de luy il en eut grand despit: mais il n'en fist autre semblant pour celle heure. Aprés cela Robert laissa aller le Chien par la salle: mais incontinent le Chien saillit sur la table: & tant aux dentz que aux piedz si fist tumber ce qui estoit dessus la table: napes: pain / tasses & saillieres. A telz jeux passoit Robert son temps sans mot dire ainsi qu'il luy avoit esté enjoinct par le sainct hermite son confesseur. Ainsi faisoit Robert la penitence a luy enjointe / toutesfois sans faire a nul grevance ne desplaisirs aucunement tousjours pensoit robert a faire quelque esbatement pour passer le temps: Si advint un jour que on menoit une Royne a l'eglise pour espouser: laquelle estoit richement paree et vestue & avoit dessus elle de riches joyaulx ainsi que a Royne apartenoit acompagnee de plusieurs nobles et puissans Hommes: Dames & damoyselles: robert qui apperceut celle royne ainsi paree l'alla prendre par la main et puis aprés la va mener en la plus grande fange qui fut en toute la rue: et la fist tomber / tellement qu'elle fut toute souillee: et puis s'enfuit la gueule ouverte et criant comme un fol en riant portant sa massue sur son col & s'en alla tout droit bouté dedans la cuisine en laquelle celle royne avoit fait appareiller le disner des nopces et quand il fut la arrivé sans gueres sejourner il print un chat qui la estoit et le jetta tout vif en une chauldiere en laquelle cuisoient les viandes du disner / cela fait incontinent fut rapporté a L'empereur lequel en rist moult & aussi firent tous ceulx qui estoient avecques luy. Ainsi fut Robert longuement par la cité de Rome contrefaisant le fol et le muet / combien que il ne le fust pas / mais l'avoit de commandement ainsi que dessus est dist pour sa penitence parfaire: car en tel estat fut robert sans mot dire et sans boire vin jusques a tant que sa penitence fust accomplie: & aussi il ne mengeoit que ce qu'il pouoit oster aux chiens: ne ne couchoit en lit du monde: mais tant seulement gisoit sur un bien peu de paille avecques les chiens il souffroit moult d'ennuy et de tourment en menant telle vie / & quand il pleut a nostre seigneur Jesuchrist l'appeller / & lui faire assavoir qu'il auroit assez souffert il fut exaulcé et eslevé en honneur & magnificence plus que jamais n'avoit esté / aymé et tenu cher de toutes manieres de gens: car il souloit estre debouté et hay de tout le monde alors fut prisé et aymé de tous plus que jamais n'avoit esté / qui est une chose fort miraculeuse / comme icy aprés pourrez veoir et entendre.

¶ Comme le seneschal de L'empereur assembla grand nombre de sarrazins pour faire guerre a L'empereur pour ce qu'il ne luy vouloit donner sa fille en mariage.

Or en ce temps que Robert estoit a Rome faisant sa penitence laquelle estoit achevee ainsi qu'il pleut a dieu lequel prent pitié de son pauvre pecheur quand il se retourne a luy de bon cueur en luy demandant pardon de ses pechez Robert qui estoit purgé de tous ses vices & delitz en lieu de ceulx estoit aorné de belles vertus. Et avoit demouré a Rome par l'espace de sept ans ou environ en faisant sa penitence ainsi comme dessus avez ouy contrefaisant le fol & le muet en la maison de l'empereur: lequel avoit une fille / laquelle estoit muette ne jamais n'avoit parlé. Et nonobstant ce qu'elle estoit muette / le seneschal de L'empereur qui estoit puissant homme l'avoit fait plusieurs fois demander / et la vouloit avoir a femme: mais L'empereur congnoissant qu'il eust fait honte a son lignage. Ne s'i voulut consentir ne accorder de laquelle chose le seneschal fut iré & mal content contre son seigneur l'empereur et eu grand despit en son cueur: et se pensa en luymesmes qu'il luy feroit guerre & dommage: si commença ledit seneschal a assembler gens a grand puissance pour mener grand guerre a l'empereur son seigneur / car il luy sembloit bien que par sa force & sa prouesse il conquerroit tantost toute la terre de l'empereur: si fist ledit seneschal grand amas de sarrazins & mescreans: & toute sa compagnie vint jusques au plus pres de Rome / & la voulut assieger la cité & tous ceux qui estoient dedans Dequoy l'empereur de Rome fut fort esbahy de l'entreprinse & lors il appella tous ses barons & tous ceulx de son conseil ensemble toute sa noblesse & chevalerie. Et print conseil avecques eux en leur disant. Seigneurs avisons que nous pourrons faire contre ses mauditz chiens sarrazins qui nous viennent ainsi assieger & faire grans outrages & vituperes: dont j'ay si grand douleur que peult s'en fault que je n'enrage: car il tiennent desja tout le pays en leur subjection / & nous destruiront tous se dieu par sa grace &

misericorde ne nous ayde. Si vous prie que trouvons façon & maniere de les destruire et que a grand force et puissance les allons assaillir & reveiller: a fin que nous les puissions mieulx garder de dormir & sejourner trop longuement. Alors les barons et chevaliers qui estoient tous d'une aliance et d'un consentement vont dire a l'empereur. Sire empereur vous avez parlé sagement si sommes tous d'accord tous prestz et appareillez de deffendre nous et noz droitz: & ferons tant qu'au plaisir de dieu tous les ferons mourir de malle mort: & maudiront l'heure que oncques en ceste terre entrerent. De la responce des barons fust bien joyeulx l'empereur: & incontinent fit crier par toute la cité de rome que tout homme qui sçauroit porter armes s'armast et se mist bien en point / pour aller assaillir les chiens mastins et mauditz sarrazins pour les desconfire et ruer jus: incontinent que la criee fust faite / chacun fust prest et en point par devers l'empereur de franc courage pour l'accompagner: et tous ensemble par belle ordonnance s'en allerent assaillir les mauditz chiens sarrazins & L'empereur mesmement estoit en personne en son ost. Et combien que la puissance de l'empereur & des romains fust grande si eussent ilz esté desconfitz se dieu ne leur eust envoyé ayde et secours par Robert lequel Dieu envoya pour secourir L'empereur et les Romains.

¶ Comme dieu envoya par son bon ange a robert un cheval blanc et armes blanches: et luy commanda qu'il allast secourir l'empereur et les Romains.

Le jour que l'empereur & tous les Romains devoient avoir journee avec les sarrazins & les gens du seneschal. Ainsi comme robert alla a la fontaine ainsi comme il avoit acoustumé de boire laquelle fontaine estoit au jardin de L'empereur. Si vint une voix du ciel laquelle luy fut envoyee de par dieu. Et robert estant pres de ladicte fontaine entendit celle voix en parlant doucement en disant en ceste maniere. Robert dieu te mande de par moy & te commande que incontinent et sans arrest tu te arme de ces blanches armes & que tu monte sur le cheval que je t'ameine & que sans plus sejourner tu ailles secourir l'empereur. Robert ne sceut contredire aux commandemens que l'ange luy dit Et sans faire aucun refus: incontinent s'arma des armes blanches que l'ange du ciel luy avoit aportees & monta sur le courcier. La fille de l'empereur dequoy cy dessus avez ouy parler estoit au fenestres / par lesquelles on pouoit veoir sur le jardin auquel estoit la fontaine vit comment robert estoit desguisé / comment il estoit armé et se elle eust sceu parler elle l'eust bien revellé: mais elle estoit muette par quoy ne l'eust sceu dire. Nonobstant elle ne l'oublia par ains bien retint en son courage. Robert ainsi armé et monté comme vous avez ouy s'en alla en l'ost de L'empereur que les sarrazins tenoient de bien pres car se dieu et Robert n'y eussent ouvré L'empereur eust esté desconfit / et tous ses gens mis a mort mais quand robert fut armé il se mist en la plus grand presse des sarrazins & commença ferir a dextre & a senestre sur les turcz / la luy vissiez trencher testes & couper bras et jambes: il faisoit tomber gens chevaulx par terre: si ne perdit pas un coup qu'il ne mist a mort de ses Sarrazins: c'estoit merveilleuse chose a veoir ainsi tuer et meurdrir a Robert ses ennemys. Et a bref parler par sa force & prouesse il mist en fuyte tous les sarrazins: et tellement ouvra que le champ demoura a L'empereur.

¶ Comme aprés que Robert eut desconfit les sarrazins il s'en retourna a la fontaine dessusdicte.

Adonc quand le champ & L'honneur de la journee fut ainsi demouré a l'empereur a l'aide de robert tout armé sur son cheval s'en retourna vers la fontaine / & la se desarma / et puis mist les armes sur son cheval. Et incontinent il se esvanouit. Et ne sceut que ledict cheval ne les armes devindrent & demoura tout seul. La fille de l'empereur de Romme qui tout cela veoit: se esmerveilloit moult et l'eust voluntiers dit / mais elle ne sçavoit parler ne dire mot: car elle n'avoit jamais parlé. Or avoit robert le visage tout esgratigné de quelque coup qu'il avoit receu en la bataille. Ne autre mal il n'en avoit aporté l'empereur fut moult joyeux & loua & remercia Dieu grandement de ce qu'il luy avoit donné victoire sur ces ennemys & en ceste joye retourna en son Palais. Et quand il fut heure de souper robert se presenta a l'empereur ainsi qu'il avoit accoustumé contrefaisant tousjours le fol & le muet comme dessus est dit. L'empereur qui voluntiers regarda robert congneut qu'il estoit blessé & qu'il avoit ainsi le visage atourné cuydoit que ce luy eussent fait aucuns de ses serviteurs: si se courrouça & dit: ceans il y a de mauvaises gens / car ainsi que avons esté aujourd'huy a la journee: ilz ont batu & mutilé ce pauvre homme / & mesmement par le visage dont ilz ont fait mal & grand peché: car il ne dit ne fait nul mal a homme: ne a personne du monde il ne fait tort: il est fol mais est debonnaire & de bon affaire que homme ne pouoit estre: & cuyde qu'il doit estre fort. Lors un chevaliers se print a parler & dit Tandis qu'avons esté en la bataille les gens qui sont cy demourez luy ont fait cela. Alors L'empereur deffendit a tous ses gens qu'ilz ne fussent si hardys de le toucher aucunement puis se print a interroguer ses chevaliers s'il y avoit nul qui sceust qui estoit le chevalier par lequel ilz avoient esté secouruz: & sans lequel ilz estoient perduz: je ne sçay fait l'empereur qui il peult estre: mais ce n'eust il esté nous estions tous honnyz & deshonorez: c'est le plus vaillant & le plus hardy chevalier que oncques je veis quel qu'il soit il a en luy grand hardiesse. Alors la fille qui ce entendit s'approcha de son pere & luy feist signe que par robert avoient eu victoire & avoient gagné la journee l'empereur n'entendoit pas le patois de sa fille ne ce qu'elle vouloit dire pource qu'elle ne pouoit parler ne exprimer ses parolles sinon par signes il fist venir la maistresse de sa fille par devant luy pour sçavoir qu'elle vouloit dire: la maistresse qui entendoit ce que la fille disoit exposa a l'empereur en ceste maniere: la fille se dit la maistresse se veux dire que ce fol a aujourd'huy tant fait que n'eust il esté vous eussiez esté vaincus & eussiez perdu la journee: & que par luy avez eu victoire contre voz ennemis & qu'en telle façon il a combatu qu'il a la bataille gaignee / lors l'empereur se print a rire & a ce mocquer de ce que disoit la maistresse en luy disant que c'estoit une grand folie & grand abusion: & de cela se courrouça L'empereur en luy disant. Vous la deussiez enseigner & endoctriner en bonnes meurs mais vous l'affolez & gastez. Se vous n'en pensez autrement je vous feray dolente & courroucee: ce seroit grand abusion de penser que ce fol qui est innocent eust sceu faire une telle vaillance veu qu'il n'a force ne puissance: lors quand la pucelle entendit ainsi parler son pere elle se voulut retraire & s'en alla jaçoit ce qu'elle sçavoit bien comme la chose estoit aucune & semblablement sa maistresse eust grand paour & frayeur des parolles de L'empereur: & pourtant celle chose si demoura en cest estat jusque a une autre fois que le seneschal lequel avoit esté une fois desconfit eut fait grand amas de sarrazins: & vint de rechef assaillir Rome & y vouloit mener dure guerre aux Romains: & de fait les romains eussent esté desconfitz / ce n'eust esté le chevalier que l'autre fois les avoit secouruz: lequel vint au secours de l'empereur par le commandement de l'ange ainsi que a la premiere fois avoit fait & fist si vaillamment que pour abreger il mist tous les chiens sarrazins a desconfiture: car il n'y avoit homme si preux ne si hardy qui l'osast attendre: car il menoit tous ses chiens devant luy comme un loup fait un troupeau de brebis / dequoy tout le monde s'en esbahissoit / car il frapoit sur celle chiennaille comme un diable il les detailloit & trenchoit comme un boucher la chair en la boucherie. Car nul n'eschapoit de ses mains tant fust il grand & hardy que lors ne fust mis a fin chascun des gens de l'empereur prenoit garde a iceluy chevalier: mais a la fin quand la bataille fut fenee nul ne peu dire que le chevalier devint fors seulement la pucelle fille de l'empereur laquelle luy souvenoit de l'autre fois & prins garde comment Robert se contiendroit & vit comment il se desarma ainsi que a l'autre fois il avoit fait: & toutesfois elle tint secret tout le fait: car autre qu'elle ne l'avoit veu. Et de tout ne fut rien sceu jusques a la tierce fois.

¶ Comme robert gaigna la tierce bataille / a laquelle furent mis a mort tous les sarrazins.

Et peu de temps aprés l'ost des sarrazins retourna a plus grand puissance que jamais devant la cité de Romme: dont mal leur en print car il y demourerent tous par ledit Robert: mais premier que l'empereur les alla combatre. Il manda tous ces chevaliers & leur pria que se le chevalier blanc revenoit qu'ilz missent peine de le prendre / a fin qu'il sceust de quelle nation il estoit & leur commanda qu'ilz sceussent quel part il yroit ne dont il viendroit car se dist l'empereur j'ay grand desir de sçavoir la verité. Alors les chevaliers respondirent qu'ilz le feroient voluntiers & quand la journee fut venue un grand nombre des meilleurs chevaliers de l'empereur s'en allerent embuscher en un petis boys pour essayer a prendre le chevalier blanc: mais perdirent leur peine car ilz ne peurent oncques sçavoir dont il venoit mais quand ilz le virent en bataille tous saillirent du Boys et la eussiez veu grans coup donner / harnois reluyre / trompettes & clairons sonner pour sarrazins espouenter et lances rompre & briser gens. Chevaulx vissiez aller par terre / c'estoit un plaisir a les regarder: robert qui estoit la venu sur son cheval blanc & blanches armes se mist au plus gros de la meslee comme celuy qui riens ne doutoit ses ennemis: car depuis qu'il y fut arrivé nul tant fut hardy ne l'osoit attendre pour les grans coups qu'il donnoit / car il frapa de maint horion & maint coup de lance d'espee il frapoit d'estoc de taille. Il ne perdit pas un coup / car a chacun coup qu'il donnoit vous eussiez veu aller un de ses chiens par terre. A l'un rompoit la teste a l'autre rompoit les rains et illec demouroient tous mors. Et pour abreger robert fist tant que les chrestiens eurent victoire sur les sarrazins car avec ce qu'il frapoit sur les mastins si donnoit il courage aux Romains tousjours les rallioit ensemble. De la grand joye que les romains avoient de voir ainsi besongner a robert encontre ceste chiennaille la force leur croissoit & tellement besongnerent avec l'ayde de Robert que tous les sarrazins furent desconfitz & mis a mort: dequoy lon mena joye parmy la cité de Rome.

¶ Comme l'un des chevaliers de L'empereur mist le fer de sa lance en la cuysse de Robert.

Donc quand la journee fust passee et la bataille gaignee: chascun s'en retourna en son hostel / et Robert s'en voulut retourner a la fontaine dessusdicte pour se desarmer comme il avoit accoustumé mais les dessusdiz chevaliers qui s'estoient retourné embuscher au bois dessusdit saillirent tous ensemble et luy dirent. Seigneur chevalier parlez a nous / dictes nous se il vous plaist qui vous estes / de quel pays: ne de quelle contree. Quand Robert les ouit ainsi parler il fut tout esbahy / & se print a picquer son cheval contreval a fuyr afin qu'il ne fut cogneu: et de ce tant fist qu'il eschapa aux chevaliers. Nul d'eulx ne sceut sçavoir que Robert devint fors un lequel le suyvit de pres tenant une lance en son poing de laquelle il frappa en la cuisse tellement que le fer demoura dedans la playe / mais pourtant ne pouoit il pas sçavoir qui estoit le chevalier aulx armes blanches. ains luy eschappa Robert & vint a la fontaine & se desarma & mist les armes sur son Cheval ainsi qu'il avoit accoustumé / & tantost aprés ne sceust que devint cheval ne Lance ne les armes: ains demoura la tout seul / navré de la lance: dont il sentoit grand douleur. Et incontinent luy mesmes tira le fer de sa cuysse & le mussa entre deux pierres a la fontaine robert si ne sçavoit ou aller pour adouber la playe de paour que il ne feust cogneu il se mist luy mesmes a l'adouber & print de l'herbe et la mist dessus / et puis amassa grande quantité de mousse: de laquelle il enveloppa sa playe tout autour du mieulx qu'il peut: a fin que l'air n'entrast dedans. La fille de L'empereur / laquelle estoit aux fenestres si veoit tout cela & bien le nota. Et pource qu'elle cogneut Robert estre beau & vaillant chevalier & avoit veu sa maniere de armer et desarmer elle le mist tant en son cueur que ce fust merveilles / et commença fort a l'aymer. Or ne sçavoit homme vivant qui estoit le Chevalier aux armes blanches. Quand robert eust bien adoubbé sa playe il s'en vint a la court pour avoir a soupé: mais il clochoit fort pour le coup qu'il avoit receu: nonobstant qu'il se gardoit de clocher le plus qu'il pouoit: car il sentoit cent mille foys plus grand douleur qu'il ne monstroit Tantost aprés arriva le chevalier / lequel avoit blecé robert & commença a compter a l'empereur comment le chevalier leur estoit eschappé / & comment il le avoit blecé dequoy il estoit fort courroucé et dolent et disoit Je croy que ce soit chose spirituelle: & non pas mortelle. Car il ne dit mot ne pour beau parler que je luy ay sceu dire ne n'a oncques voulu parler ne respondre mot. Je prie a dieu qu'il le vueille reconforter en quelque lieu qu'il soit: car je suis seur qu'il est fort blecé. Mais sire Empereur je vous diray que vous ferez si m'en voulez croire / et se voulez sçavoir en bref temps qui est le chevalier aux armes blanches. C'est que vous faciez crier par toutes voz villes citez & chasteaulx que s'il y a chevalier qui aye blanches armes et cheval blanc qu'i vienne par devers vous. Et aussi qu'il apporte le fer de la lance de laquelle il a esté blecé en la cuysse & qu'il monstre la playe et que vous luy donnerez vostre fille a femme / et avec ce luy donnerez la moytié de vostre Empire. Quand l'empereur entendit ainsi parler le chevalier il fut moult joyeulx: et dist que il avoit sagement parlé et incontinent fist publier par tout son Empire ce que ledit chevalier avoit conseillé.

¶ Comme le seneschal se mist un fer de lance en la cuisse pour cuider avoir la fille de l'empereur.

Les criees de par l'empereur faictes & publiees vindrent a la cognoissance du trahistre seneschal qui aymoyt tant la fille de l'empereur qu'il ne pouoit dormyr ne reposer & la cuidoit avoir a femme par son outrecuidance & pour l'amour d'elle avoit fait tant de folles entreprinses desquelles tousjours se trouvoit deceu & marry: & encores en fist un autre bien grande comme cy aprés orrez: car lon dit communement / que plus hault monte qu'il ne doit: plus bas descend qu'il ne voudroit / & n'est rien plus desplaisant a dieu que orgueil ne plus nuisible a l'homme: mais qui a dieu servir entend: en la fin bon loyer en attend Ledit seneschal aprés ce qu'il eut ouy les criees dessusdictes: il s'advisa d'une grand malice: laquelle luy tourna depuis a grand deshonneur car incontinent il fist chercher un cheval blanc / lance & armes blanches et print un fer de lance: lequel il le mist en sa cuysse en grand douleur & angoisse: toutesfois pour parvenir a estre empereur il se souffrit & endura paciemment: & pareillement pour avoir la fille de l'empereur: de laquelle il estoit si tresamoureux que peu s'en failloit qu'il n'enrageoit tout vif: dont c'estoit grand follie: car il ne avoit garde de l'avoir: & aussi c'est grande folie a ceulx qui veulent maintenir vie de foles amours: car a la fin mal douleur

& honte en vient Aprés cela fait le seneschal fist armer tous ses gens & les fist mettre sur les champs pour le acompagner et tant chevaucha qu'il arriva a Romme a grand honneur & triumphe Or estoit il bel homme grand & plaisant. Mais il estoit tant fier & orgueilleux que au monde n'y avoit point son pareil plus cault ne plus subtil & malicieulx trahistre & frauduleux & cuidoit bien avoir par envie & subtilité ce qu'il n'avoit pas desservy & que a luy n'appartenoit pas: en tel estat vint le trahistre seneschal a la ville de Rome. Et sans sejourner se vint presenter a l'empereur en luy disant fort humblement: sire empereur pour certain je suis celuy qui si vaillanment vous ay par trois fois secouru: & qui tant ay fait mourir de gens pour l'amour de vous. Alors L'empereur qui ne pensoit point de trahison luy respondit et dit: vous estes moult fort preudhomme et hardy: mais par mon ame je eusse bien pensé le contraire: car on vous tient pour un couart. Lors le seneschal dit tout marry & courroucé. Sire Empereur de ce ne soyez esbahy: car je n'ay pas encores le cueur si failly que on cuyde: & en disant ces parolles il tira un fer de lance: lequel il monstra a l'empereur puis il descouvrit sa playe laquelle il s'estoit faite luy mesmes en la cuysse. Le chevalier qui avoit blessé robert estoit la present Et quand il vit le fer que le seneschal monstroit il se print a soubzrire: car il congnoissoit bien que ce n'estoit pas son fer / & toutesfois de paour d'avoir debat il n'osat dire le contraire: mais il luy grevoit bien toutesfois il ne dist mot jusques a ce qu'il vit bien son point comme cy aprés orrez: mais nous laisserons a parler de l'empereur et du seneschal et retournerons a robert lequel gisoit avec les chiens blessé a mort comme dessus avez ouy.

¶ Comme L'ange vint annoncer a L'hermite que la penitence de Robert estoit accomplie et qu'il allast a Rome le chercher.

Moult servit long temps robert au service de Dieu duquel service par sa volunté il a enduré plusieurs peines & est de present temps que dieu l'en guerdonne / & ainsi qu'il pleut a dieu que le temps fut venu de payer robert selon sa desserte & ses biens faitz il le voulut exaulcer & eslever du lict des chiens auquel il gisoit / navré a mort de la lance ainsi qu'avez ouy & si faisoit lescher sa playe aux chiens & n'avoit autre medecin: & iceluy colloquer & mettre en fort grand honneur & haultesse / robert ne tenoit compte de luy non plus que d'une beste & n'avoit honte de personne ne aussi n'avoit jamais pensé a avoir la fille de L'empereur a femme / mais tousjours estoit en oraison en priant nostre seigneur que il eust pitié de luy & tousjours il plouroit ses pechez. Si advint un jour que l'hermite duquel avez cy devant ouy parler & lequel avoit confessé Robert & enjoinct sa penitence estoit en son hermitage & dormoit / en dormant luy vint en vision un ange lequel luy dit qu'il allast a rome chercher & enquerir en quel lieu estoit robert & luy dict tout ce qui estoit advenu de Robert / et qu'il devoit avoir la fille de l'empereur en mariage et de fait luy declara de point en point tout le mistere dont l'hermite fut joyeux: & le lendemain au matin l'hermite se leva & s'en alla a Rome / aussi fist le seneschal qui vouloit avoir la fille de l'empereur: & s'en alla vers l'empereur auquel il demanda sa fille ainsi que promise luy avoit en ses criees / laquelle luy fut octroyee sans contredit / quand la fille sceut qu'elle estoit octroyee au seneschal elle cuyda enrager & devenir folle. Et incontinent se print a desrompre ses cheveulx & a mener grand dueil / mais tout ne luy valut rien: car il convint qu'elle fut habillee & aornee comme une espousee richement ainsi qu'a son estat apartenoit / & comme a fille d'empereur. Son pere la print par la main pour la mener au monstier acompagnee de plusieurs notables seigneurs / Barons / Dames & Damoyselles / mais la Fille ne s'en pouoit resjouyr: mais elle s'en alloit grand dueil demenant.

¶ Comme la Fille de L'empereur par la grace de dieu commença a parler.

Il advint quand L'empereur & sa Baronnie qui la estoit assemblee furent a l'eglise ou devoient espouser le seneschal & la fille de L'empereur laquelle n'avoit jamais parlé commença a parler. La demonstra dieu un grand miracle pour exaucer le preudhomme Robert duquel nul ne tenoit compte / ains chascun se railloit de luy en le reputant pour fol. Ainsi que le prebstre venoit commencer le divin service pour espouser la pucelle & le Seneschal: par la grace de Dieu la fille commença a parler & dict a son pere. Vous estes bien fol & hors du sens de croyre ce que ce mauldit enragé & orgueilleux fol vous a dit & racompté: car tout ce qu'il dit ne sont que bourdes. Bien est vray que ceans a un homme sainct et bien devot: qui par sa bonté & grand merite dieu m'a rendu la parolle dont je suis grandement tenue a luy. Car il y a long temps que j'ay congneu les grans biens qui en luy sont / & toutefoys nul jamais ne m'en volut croire pour chose que j'en sceusse faire. Quand L'empereur entendit ainsi parler la fille laquelle n'avoit jamais parlé il fust tout ravy de joye & vit que mal alloit & qu'il n'estoit pas vray ce que le seneschal luy avoit dit: & se pensa qu'il l'avoit villainement deceu. Le seneschal qui ce ouyt cuyda enrager de dueil & de courroux: & du grand dueil que il en eust il monta a cheval incontinent / & s'enfouyt tout honteux sans espouser ladicte fille tout yré & courroucé comme felon & hors du sens. Le pape qui la estoit present demanda a la fille qui estoit celuy duquel on parloit tant / lors elle mena le Pape & L'empereur son pere a la fontaine a laquelle Robert s'armoit & desarmoit & la elle chercha entre les deux pierres ou Robert avoit mussé le fer de la lance dessusdicte & tant chercha qu'elle le trouva: & quand elle l'eust trouvé elle demanda la lance de laquelle estoit yssu le fer & incontinent luy fut aporté: & la lance & le fer si se trouverent tout un / car le fer estoit bien proprement joinct au boys & le boys au fer aussi bien que se jamais il ne eust esté brisé puis dit la fille au pape. Pere sainct encores y a bien autre chose / car en ce propre lieu a esté trois fois armé. Celuy par qui avons esté trois foys delivrez des mains de noz ennemys. Car j'ay veu trois foys son cheval & ses armes / desquelles par trois foys je l'ay veu armer / & desarmer: mais je ne sçaurois dire ou le cheval alloit ne dont il venoit ne qui luy bailloit armes ne harnoys ne a qui il les rendoit / mais je sçay bien au vray de luy: que incontinent s'en venoit gesir avec les chiens. Tout ce que je vous racompte est verité & ainsi le demonstrois par signes. Mais on ne m'en vouloit croire. Lors la fille tourna son langage vers L'empereur son pere en luy disant. C'est celuy lequel a bien gardé & deffendu vostre bon droit & vostre honneur / parquoy est raison desormais que par vous guerdonné en soit: & s'il vous plaist tous ensemble yrons parler a luy. Lors le pape / L'empereur: sa fille: & la baronnie vindrent vers robert lequel trouverent couché au lict des chiens: & tous ensemble le saluerent & luy firent la reverence: mais Robert ne leur respondit rien.

¶ Comme l'hermite trouva Robert auquel il commanda qu'il parlast & que la penitence estoit acomplie.

Alors L'empereur commença a parler a robert & dict / vien ça mon amy je te prie qu'il te plaise me monstrer ta cuisse car je le vueil veoir. Quand Robert l'entendit parler il sceut bien pourquoy il le disoit: si faisoit semblant de ne l'entendre point: puis print une paille & commença a la rompre par mocquerie en se jouant: & lors fist mainte folie robert pour faire rire le Pape & L'empereur / & aussi maintz esbatemens pour les faire parler & dire quelque chose nouvelle. Et lors le pape commença a parler a Robert & le conjura de par Dieu qui en croix pendit pour rachepter l'humain lignage & luy dit. Je te commande que ce tu as pouoir de parler que tu parles a nous. Adonc Robert se leva & en contrefaisant le fol donna la benediction au Pape / & en faisant cela il regarda derriere luy: & vit venir L'hermite auquel il s'estoit confessé: & aussi tost que L'hermite aperceut robert il luy dict si hault que chascun l'ouyt. Mon amy entendez a moy. Je sçay bien qu'estes Robert lequel se nomme le diable. Or est maintenant plus agreable a dieu car au lieu du diable avez nom l'homme dieu / vous estes celuy par lequel ceste contree est delivree des mains des Sarrazins: je vous prie que ainsi qu'avez acoustumé honorez & prisez Dieu lequel m'a icy envoyé. Si vous mande de par moy que d'icy en avant vueillez parler sans plus faire le fol: car ainsi est sa volunté. Et vous a pardonné voz pechez lesquelz aviez commis. Pource que de iceulx avez faict penitence suffisante. Et incontinent / Robert se mist a genoulx & joignit les mains vers le Ciel en disant: Souverain Roy des Cieulx je te remercie: puis qu'il t'a Pleu me pardonner mes offenses & pechez / loué soyes tu. Lors quand la Fille & ceulx qui la estoient presens entendirent le doulx langage de Robert ilz furent esmerveillez car alors robert leur sembla si beau & gracieux & beau de corps & si bien fourny que c'estoit chose merveilleuse a voir. Adonc l'empereur luy voulut donner sa fille en mariage pour les grands biens & vertus qui sont en luy. L'hermite qui la estoit ne si voulut consentir pourquoy tous se departirent de la: & s'en allerent chascun en son hostel.

¶ Comme par le commandement de Dieu Robert retourna a Rome pour espouser la fille de l'empereur.

En aprés que robert eust obtenu pardon de ses pechez & s'en estoit allé hors de rome / Dieu feist dire trois fois par son bon ange que il s'en retournast a Rome et qu'il espouseroit la fille de L'empereur laquelle estoit tant belle & gracieuse / doulce & benigne / & si avoit en luy tout son cueur mis. Et que d'eux deux descenderoit une noble lignee de laquelle tout le pays en vaudroit mieux & que la foy chrestienne en seroit exaucee. Adonc Robert par le commandement de Dieu s'en retourna a Rome pour espouser la fille de l'empereur a grand honneur & triumphe: car vous eussiez veu demener joye a L'empereur: & a tous ceulx de Rome. Belle feste y eut & belle assemblee honorable & triumphante: car tous demenoient grand joye / a la feste nul ne se pouoit saouler de regarder Robert & disoient tous. Bien sommes tenus a cest homme / car par luy sommes hors des mains de noz ennemys. La feste fut si grande qu'elle dura quinze jours tous entiers & aprés que la feste fut passee robert avec sa femme s'en voulurent retourner en Normandie: pour visiter son Pere & sa mere & demanda congé a l'empereur lequel luy bailla des gens pour l'acompagner: & luy donna de beaulx & riches dons: or & argent & pierres precieuses & alors robert & sa femme bien accompagnez de plusieurs nobles chevaliers / dames & damoyselles: or & argent en abondance: si print congé de L'empereur & de ceulx de Rome & se mirent a chemin pour aller en Normandie

¶ Comme Robert avec sa femme arriverent a Rouen a grand honneur.

Robert & sa femme cheminerent tant que ilz arriverent a rouen en grand honneur & triumphe dont plusieurs furent joyeux de leur venue: car ceulx du pays estoient en grand desconfort pour ce que le duc pere de robert estoit trespassé et estoyent demourez sans seigneur dont ilz estoyent tristes & dolens. Car c'estoit un tressage prince & de grand renom. Auprés de rouen demouroit un chevalier tresmauvais et cruel / lequel faisoit a la duchesse mere de Robert souffrir plusieurs tourmens / et luy faisoit plusieurs injures: car il la persecutoit du corps et des biens & si la vouloit faire brusler. Il n'y avoit baron ne chevalier qui osast contredire a luy / sur chascun vouloit estre maistre et pour doubte de luy nul n'osoit ayder a la duchesse: mais quand robert fut venu que chacun l'eut cogneu alors le doubterent & grand joye demenerent & luy firent grand honneur & disoient les uns aux autres nous cuydions qu'il fust mort. Tous les seigneurs & bourgeoys de Rouen s'assemblerent & en grand triumphe allerent tous faire honneur & reverence a Robert leur souverain seigneur / & aprés que tous luy eurent fait & rendu le salut ilz luy compterent la façon comme le seigneur dessusdit traictoit &

malmenoit la duchesse sa mere / depuis que son pere estoit mort: & luy reciterent la grand vilennie & outrage qu'i luy avoit fait. Quand Robert entendit ce que les bourgoys luy avoient dit tant de cela que de la mort de son pere il en fut fort courroucé & demena grand dueil: car il cuydoit trouver son pere en vie. Il jura sainct Pierre de rome que a ce chevalier feroit guerre mortelle / & que s'il le pouoit tenir que vilainement il le feroit mourir comme trahistre & desloyal / incontinent robert mist gensdarmes en oeuvre pour prendre ce trahistre: & ne cessa tant qu'il fust prins: & incontinent fist faire son procés & fut condampné a estre pendu et estranglé: laquelle chose fut faicte / & ainsi fut la duchesse vengee de ce faulx & mauvais paillard qui tant luy avoit fait de peine et de tourment: & combien que la duchesse fut bien joyeuse de la mort de ce trahistre / si fut elle encores plus joyeuse cent mille foys de la venue de son filz lequel elle cuydoit qu'il fut mort: car par luy elle fut delivree de ce trahistre larron: & aussi fut tout le Pays de Normandie auquel il faisoit mainte tirannie & les tenoit en sa subjection. Quand Robert & sa mere furent ensemble il luy compta comme il c'estoit gouverné a Rome & comme il avoit enduré beaucoup de maulx en faisant sa penitence: & comme l'empereur luy avoit donné sa fille pour femme & luy dict toute la maniere. Et de fait luy compta tout son gouvernement. Quand la Duchesse entendit ce que son Filz luy disoit / elle commença a plorer de la grand pitié qu'elle eut de son enfant qui avoit souffert tant de peine & de tourment.

¶ Comme un messager arriva devant le noble duc robert lequel luy dit que L'empereur luy mandoit qu'il l'allast secourir a l'encontre du Seneschal.

Cependant que Robert estoit a Rouen en grand triumphe avecq sa Mere & sa femme en comptant ses aventures: Si advint un jour qu'il arriva un messager lequel L'empereur envoya a robert. Le messager si vint saluer robert & luy dit. Seigneur duc L'empereur m'envoye par devers vous & vous prie que le veniez secourir contre ce maudit trahistre seneschal lequel c'est rebellé contre luy / & dict qu'il aura vostre femme par force maulgré luy: et vous. Lors quand Robert eust ouy ces parolles: il fust mal content: & incontinent fist amasser plusieurs gensdarmes les plus vaillans qu'il peult trouver en Normandie: & au plus tost qu'il peust se mist a chemin pour aller secourir L'empereur: & tant chemina luy & ses gens qu'ilz arriverent a Rome & s'en alla droit ou estoit le seneschal qui desja tenoit la ville de rome en sa subjection. Et quand Robert apperceut le trahistre seneschal commença a s'escrier en luy disant / trahistre pas n'eschaperas que je puisses puis que je t'ay trouvé: de malle heure es tu icy venu. Car jamais n'en retourneras: & puis luy dict. Tu boutas le fer de la Lance en ta cuysse par tricherie. Or deffend maintenant ta vie: aussi tu as tué Monseigneur L'empereur par trahison / dont de tous tes faitz fault que tu sois guerdonné selon ta desserte: & en disant ces parolles Robert par grand yre estrainct les dentz par maltalent: & s'en vint courrant contre le Seneschal & luy donna si grand coup sur son heaulme qu'il le rompit & luy fendit la teste jusques aux dentz / & puis luy osta la visiere tellement que la cervelle luy tomba par terre & tomba le trahystre Seneschal tout mort en la place / puis Robert le fist prendre & porter par la Cité de Rome en un lieu propre pour l'escorcher afin qu'il fust mieux de luy vengé / & si fist le Duc robert devant tous ceulx de Rome le seneschal escorcher: & ainsi le fist mourir de malle mort par quoy on peult cognoistre que c'est grand folie de desirer chose qu'il n'apartient d'avoir: car se le seneschal n'eust desiré la fille de L'empereur laquelle ne luy appartenoit pas. Il ne fust pas ainsi mort: ains fust tousjours demouré amy de L'empereur.

¶ Comme aprés que le duc Robert eut fait escorcher le seneschal il s'en retourna a Rouen en Normandie.

Quand Robert de Normandie eust fait escorcher le Seneschal / & mis en paix & seureté les Romains: il s'en retourna a Rouen avec sa compagnie la ou il trouva sa mere & sa femme / laquelle demena grand dueil quand elle sceut que L'empereur estoit mort par le seneschal / mais la duchesse mere de Robert la reconfortoit & luy faisoit tout ce qu'elle sçavoit penser pour la tenir en joyeuseté.

Pour mettre fin a nostre livre nous laisserons le dueil de la jeune duchesse & parlerons de Robert lequel fut en sa jeunesse mauvais & enclin a tout vice & a mal sans ce qu'il luy eust aucune raison et amytié / plus felon qu'un Lyon: sans avoir nulle misericorde: & fut depuis comme un homme sauvage sans parler comme une beste mue / abstinent & plus arresté que jamais fut homme puis fut exaucé en noblesse & honneur comme cy devant avez ouy. Robert vesquit longuement avec sa femme & sainctement: & en bonne renommee / & fust prisé & aymé de grands & de petis. Car il faisoit a tous bonne justice & tenoit tout son pays en bonne paix. Il eut de sa femme un beau filz lequel fut nommé Richard / & fist avec Charlemaigne Plusieurs proesses. Il ayda a exaulcer la foy chrestienne. Car sans cesser menoit guerre aux sarrazins & les destruysoit. Car il ne les pouoit aymer / il vesquit noblement a grand honneur & bonne renommee en son vivant par tout son pays ainsi que son pere: car tous deux vesquirent sainctement jusques a la fin de leurs jours: dieu par sa infinie puissance nous doint si bien & sainctement vivre: que a la fin de noz jours noz ames puissent avec les leurs voler lassus en la gloire eternelle: avec tous les Sainctz & Sainctes de Paradis. Amen.

¶ Si fine la vie de Robert le diable / nouvellement Imprimee a Paris par Claude Blihart: Demourant en la Rue de la Jufrie: a L'enseigne de L'escu de France.